先思後動《せんしごどう》

――あなたのお役に立ちます

熊澤次郎

JDC

はじめに

なぜ、経営アドバイザーの仕事に携わるようになったのかと質問を受けることがある。折に触れて、そのことを思い返しているが、これと言った動機はない。

ただ、言えることは、次のようなことであった。

少年の頃から、お年寄りの話を聞いて「このようにしたら・・・」と答えていたことは多くあった。そして、結構喜んでもらえるのが嬉しかった。

その源にあったのは、自然の流れや人の思いを察知して、お役に立つことを行なう環境にあったからではないかと思っている。

さつまいもを代用食に、ご飯つぶは二〜三日に一回あるかないかの生活。後になって、そんな生活環境だったと振り返っても観た。終戦の翌年、小学校へ入学した。物のない時代だから、生活するのに創意工夫がいる。今では、多くの智慧を湧出できる好機だったと思っている。

そして、心は常に、未来への自分の想いを、おぼろげながら描いていた。明るく、楽しい未来図は何か。何かにつけて夢を膨らませていった。

そんな中で、相談ごとを仕事として、お役に立てると考え始めていた。

なぜ、いろんな職業の人がいるのだろう。どうして、いろいろな家庭があるのだろう・・・など。人間に対する一人ひとりの心の持ち方や器の違いなどに、強い関心を持っていた。

そして、それが、どういうことかを感じかけていた。

ある時、夢で知らせを受けることがあった。知人の他界や探しものの在り処などを知らせてくれた。

困っておられることを共に考え、お互いに自分自身の善さを生かし、明るく、楽しい人生になればよいと考えている。

相談事業を強く意識するようになったのは二十四歳の頃だった。

暫く現状維持の後、遂にサラリーマン生活に終止符を打ち、熊沢企画相談所を創業することになる。

幼子を抱え、ミルク缶の残量に心を痛める。そんな苦しい時からの出発であった。

独立して五十年になろうとしている。今にして思えば、思うこと、考えることの心の働きと行動した経験のすべては、仕事に役立っている。

経営アドバイザーの仕事をするために、いろんなことを経験させていただいたと実に有り難く思えるのである。

思いが先で行動は後になることを私は、「先思後動」と謳っている。

考えること、思うことが、明るく楽しく素直に生き、多くの人々のお役に立つ上で参考になれば幸いである。

目次

第一章　思いを行動に

お役に立つ

思いには、さまざまな思いがあり、いろいろな考えもある。
お役に立つという思いが、自分自身を自立へと導いていった。

自分はどのような仕事に向いているのだろうか。何をしてお役に立とうとしているのか。

多くの仕事を経験した私は、どの仕事も真剣に取り組み、よく働いた。

いったい、自分は何を仕事としたいのか、常に考え、自分の得手、不得手、強みと弱み、長所と短所、好き嫌い、思いの中心は何か・・・など、自分を知ることに努めていた。

自分とは

自分とは、いったい何なんだろうと、いろいろ考え学んでいくうちに、大宇宙の生命を自ら分け与えられた者であると思えるに至った。

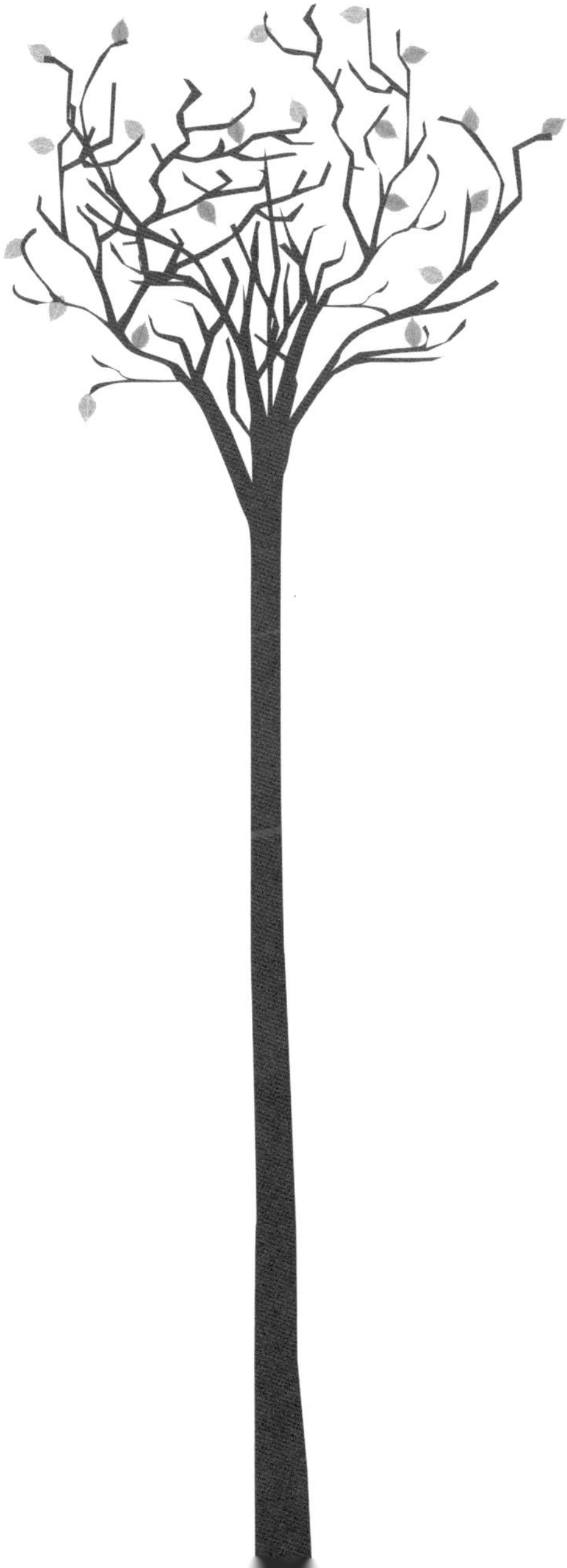

創造の源

想像は創造の始まりであるという教えのとおり、思うことが創造の源であるから、行動の前によく考えることに重点を置いている。

十歳の頃、遊んでいて遅く帰ると母に叱られるのが恐いので天に向って、「ごめんなさい、遅くなりました。明日からは遊びに行っても早く帰ります」と謝っていた。

そうすると、叱られないで済む、天に謝らずに帰ると強く叱られた。不思議に思っていたが、叱られるのが嫌なので、天に助けを求めていた。

思いの通じることを経験し、今では天と話をして答をヘソに求める「ヘーソー法」を編み出し活用している。

先思後動

思うことが先にあって、
初めて行動できることを「先思後動」と謳っている。
だから、思うことの大切さ、
考えることの重要性を深く理解し、
思うことは、
ものの始まりであることを意識している。

自分の想いの基本は何かと考えてみると、「相手のために、どうすることがよいのか」という考え方と実践内容、そして、物事の理解度などを観ながら、深く考えている自分に気づき、「このような考え方もある」とアドバイスしていることが多い。

善因善果悪因悪果

善い思いは　善い行動を起こし　善い結果となり
悪い思いは　悪い行動を起こし　悪い結果となる

お釈迦さまは、「善因善果　悪因悪果」と教えられた。
そこで、思いを質していくと、善い結果が現われてくることを実感している。

正しく考えるために心に聞く

どうすれば正しく思い考えることができるのだろうか。

ものを思考する時、頭で考えることが多かった私は、自分の都合の良いように判断していることを知った。

そこで、正しい思いを生み出すには、頭で考えるのではなく、心に聞くことにしている。

心に解答を求めることが、正しく思うことの大切なポイントになっている。

天と話をすることも、ヘソに解答を求めることも、正しくものを考えることの手法であると自負している。

ものごとが上手く運ぶ法

・親孝行をすること
・知るべきことを知ること
・行るべきことを行ること
・すべてに感謝すること

ものごとが上手く進まない人は、その原因を他人の所為にしたり、相手を悪者にしていることが多い。

「こうすればこうなる」ことを学習することも、知るべきことを知ることの部類に入るだろう。

やはり、思うこと、考えることが正しいと、ものごとが上手く進み、幸せを感じている人は多い。

決して、自己中心的な思いにならないように努めている。

ものごとの成果

思うこと、考えることがものごとの成果を決めている。
もちろん、行動・実践をしてのことだ。

では、どうすれば善い成果を生み、幸せへの道を歩むことができるのか、その正しい思いとは何か。

それは、苦しみを取り除き、楽しみを与え、生かし合い、許し合い、助け合い、励まし合い、補い合いであることに気づく。

相手の幸せを願い、自分のできることを精一杯行う。自分の心は明るく晴々としている。益々、力が湧き出て楽しくなる。

運命を開く思い

明るく　楽しく　素直に生きよう
そして　多く人々の　お役に立とう

この考え方で、ものごとが上手く運ぶ生き方を実感したので、言葉にまとめるに至った。

喜びの声を多数頂いている。

簡単な言葉でまとめることができて喜んでいるが、明るくとは実際に、どうすることなのか、その基本を説明すると次のようになる。

明るくとは

明るくとは、常に善いことを想うことである。

では、どうすれば、常に善いことを思うことができるのだろうか。
それは、すべてに感謝すること。
どうすれば、すべてに感謝することができるだろうか。
それには、智慧がいる。
感謝の心を引き出せるように、智慧を働かせることである。
例えば、病気をした時、
なぜ、病気をしたのかを考えると、原因を知ることができる。
そうすると、間違った考え方をしていたことに気づく。
病気を通して、間違いに気づかせて頂いたことに感謝する。
そうすると快復が早くなることを知るだろう。
このように感謝をすることに智慧を働かせることによって、
常に善いことを想うようになっていく。

楽しくとは

楽しくとは、
相手のためになることを語ることである。

では、どうすれば相手のためになることを語ることができるのだろうか。

それには、相手の幸せを祈りながら話をすることを心掛けている。

叱っていたのが、いつのまにか、怒りに変わっていることを数多く経験しているが、自己中心的にならないように注意すると同時に、ムダな話は極力しないようにしている。

話をする以前に、想うことを整理する。そして、正しい思いを話すと、相手に効果のある内容となる。

想いと言葉が一致した時、幸せな運命をつくり、一致しない時、不幸な運命をつくってゆくと教えられている。

どうすれば相手の苦しみを取り除けるか、苦しみの原因は何なのかと考えることも多い。本当に人を好きになると、相手のことも理解できるようになるものだと熱く思う。

素直に生きるとは

素直に生きるとは、
善いと想ったことは、すぐに実践すること。
「致良知」という王陽明の言葉がある。
善いと知ったら、すぐ致せである。

ものごとの善悪の判断は、心の静かな状態をつくってすることにしている。心の静かな状態は感謝する心から生まれる。

正しくものを考え、善いと知ったら実践する。この習慣は成功へ導く源となる。

素直になるには、どうすればよいのだろうか。

これは親に感謝する以外にないだろう。

親はどのような気持ちで自分を育ててくれたのかと考え、反省をとおして、感謝の心は深くなっていく。

涙しながら親に対する感謝は、心の洗濯を強く感じる。

お役に立つとは

お役に立つとは、よく勉強すること。

最初の勉強は反省をすること。

反省は、正しく見る、正しく思う、正しく語るについて、善かったこと、間違っていたことを分類し、どうすることが善かったのかを考えて、善かったことは継続し、間違いは修正していく。そして、その原因を追究して間違いの原因を取り除き、二度と同じ誤りを繰り返さない。

この勉強方法は、「人皆師」と言われているとおり、多くの人々から学んでいるので、大変役立つことが多い。

後は、書物による勉強や自然の法則を知り、実践していって納得することを重ねていく。

「こうすればこうなる」ことを一つでも多く経験していくと、多くの人に楽しみを与えることにつながっていく。

このようにして、お役に立つことのできる自分をつくっている。

思いを行動に移す
その体系は次のとおりである。

ＬＯＧ式経営法　実践体系

項目	内容	基本事項
目的・使命	・己の個性を磨き、人格向上を目指し理想の世界を実現することを目的とする ・そのために調和の生活をする ・我々の使命は世界の平和と人類の幸福を願うこと	・我々の心は慈悲と愛である ・長所を生かし短所を修正する ・知るべきことを知る ・行るべきことを行る ・すべてに感謝をする
心構え・考え方	・思うことは　ものの始まりである ・思うことは　自由である ・思うことは　同じ思いに通じる ・思うことは　実践と同じである ・思うことは　動作となって現れる ・相手の幸せを祈る ・多くの人々のお役に立つ	◇人間の基本的欲求事項 ・愛し愛されたい　・尊敬されたい ・認められたい　・お役に立ちたい ・ほめられたい　・健康でありたい ・安心して生活できる収入を得たい ・生きることは学ぶこと ・八正道の生活
目標	・目標のある所に進歩あり、自己の最善を尽くすところに繁栄あり ・年間の目標を明確にすること ・月間の目標を明確にすること ・日毎の目標を明確にすること	・目標を変えるな自分を変えよ！ ・強く意識付け　想念を強くする ・完成イメージを明確に描く
計画	・具体的で、かつ緻密な計画を立てる ・これからしようとすることは何かをよく考える ・達成のために必要な条件はどんなことかを知る ・計画は予定ではない。計画とはものごとを最も合理的にムダなく処理するための手段と組み合わせである ・計画内容をイメージする	・成功の第一条件は緻密な計画を立てること ・順序方法をまちがえないこと ・段取り八分である ・躓くことなく仕事が出来るように組み立てるのが計画

実施	検討	修正	実施	成果
・行動の礼儀作法を守る ・一日一生のつもりで頑張る ・行いは全てに優る ・コツコツ努力する ・人の話は最後まで聞く	・基本に沿っているか ・なぜ、これをしたのか ・何がまちがっていたのか ・行動に逃避はないか ・どうすることが良かったのか	・まちがいを質す ・こうすればもっと効果があることを知る ・長所を伸ばして短所を修正する ・提案することと必要なこととの差を正す ・修正は、見る・思う・語る・目標に集中する・仕事をする・生きる・計画実施に工夫することについて修正する	・修正して再び実施する ・勇気と努力、智慧と工夫を要する	・自分が努力した分、成果に結びつく ・心構え＋実践＋創意工夫＋努力＋反省＋継続＋習慣＋感謝
・信念をもって努力し継続する ・善行を勇気を持って実践する ・行るべきことを行う ・気づくことが大切 ・一番大切なのは人間関係である	・感謝と反省、そして実践は智慧を湧出する ・問題を発見し素早く対応する ・問題解決のために原因を追求する	・生の意義の具体的行動 ・問題解決をすること ・八正道を基準に反省をする ・反省をすると、明るく、楽しく心が軽くなる	・善行をして不動の心を培う ・信ずる自分をつくる（自己信頼）	・成果を喜ぶ ・己を知る好機 ・自分で自分を誉める

計画に必要な6W3H

- When　いつ
- Where　どこで
- Who　誰が
- What　何を
- Why　なぜ
- Whom　誰に
- How　どのように
- Hou much　いくらで
- How many　どのくらい

※一つのことを順序立てて考えると、実践することによって、目的達成への道を効果的に進むことができる

明るく　楽しく　素直に生きよう
そして多くの人々のお役に立とう

成長の基本システム

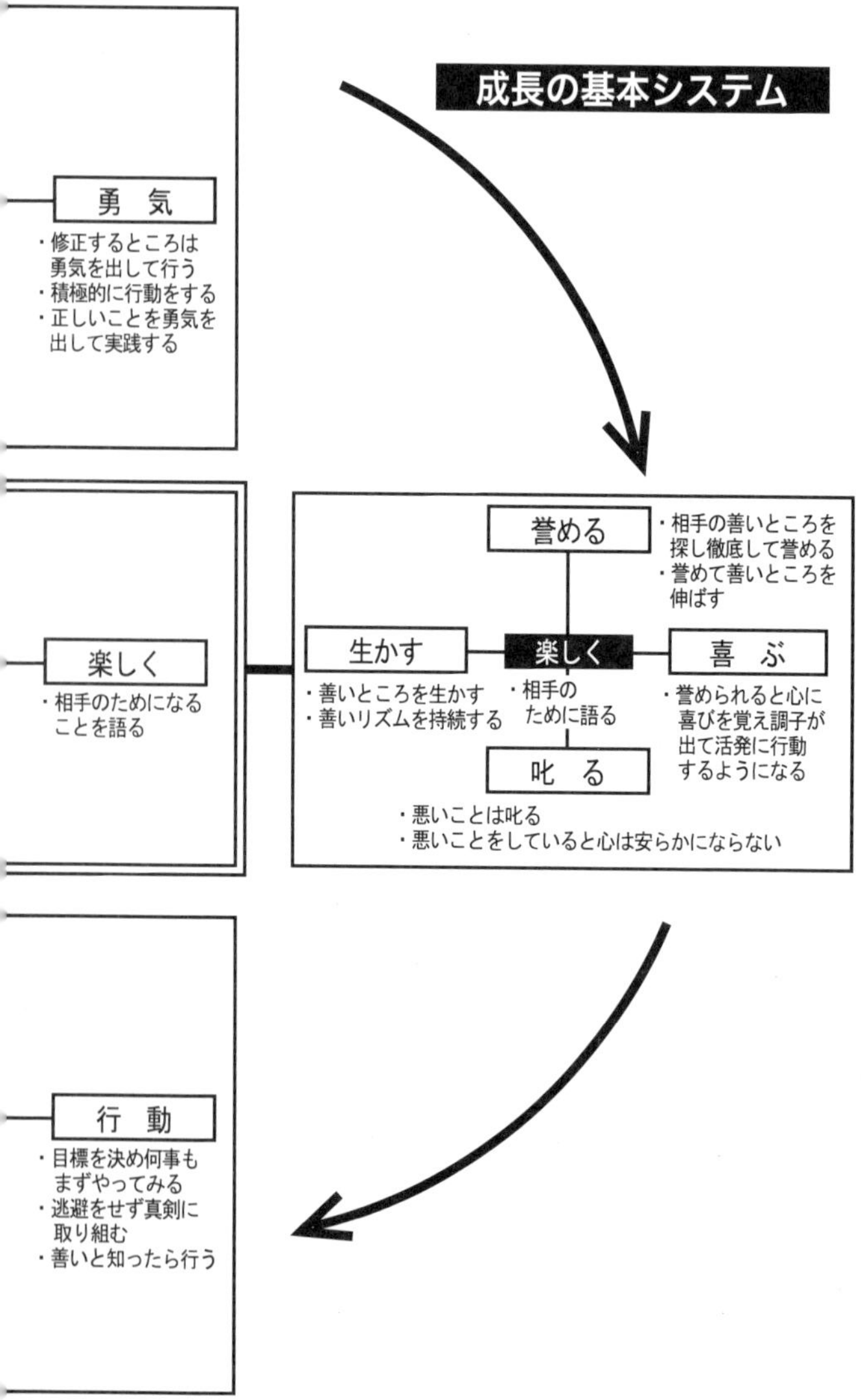

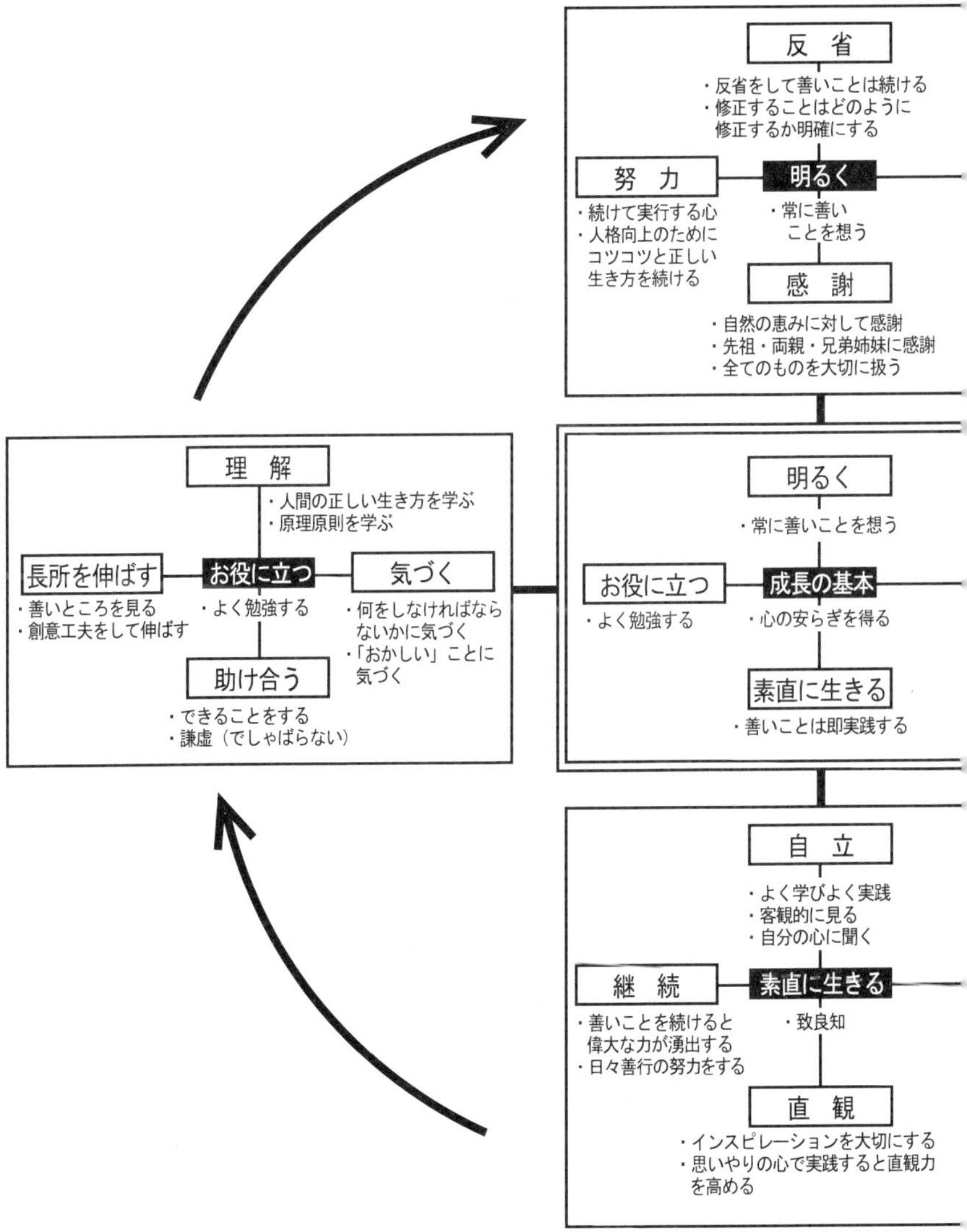

反　省
・反省をして善いことは続ける
・修正することはどのように修正するか明確にする
努　力
・続けて実行する心
・人格向上のためにコツコツと正しい生き方を続ける
明るく
・常に善いことを想う
感　謝
・自然の恵みに対して感謝
・先祖・両親・兄弟姉妹に感謝
・全てのものを大切に扱う
理　解
・人間の正しい生き方を学ぶ
・原理原則を学ぶ
長所を伸ばす
・善いところを見る
・創意工夫をして伸ばす
お役に立つ
・よく勉強する
気づく
・何をしなければならないかに気づく
・「おかしい」ことに気づく
助け合う
・できることをする
・謙虚（でしゃばらない）
明るく
・常に善いことを想う
お役に立つ
・よく勉強する
成長の基本
・心の安らぎを得る
素直に生きる
・善いことは即実践する
自　立
・よく学びよく実践
・客観的に見る
・自分の心に聞く
継　続
・善いことを続けると偉大な力が湧出する
・日々善行の努力をする
素直に生きる
・致良知
直　観
・インスピレーションを大切にする
・思いやりの心で実践すると直観力を高める

どうすれば、善いことを想うことができるか

感謝の心を持つと善いことを想うことができる。
もう一つは、愛されることと愛することから生まれる。

善いことを常に想うように努力したが、最初の一ヵ月は殆んど思うことができなかった。

いろいろと考えて、感謝をするようになってから善いことを、想うようになってきた。

それでも自分の中で無理して善いことを想わなくてもいいだろうと逃避の心が起こってくる。

自分の心を安らかにするために善いことを想うのだからと努力していると、一日のうち半分は善い思いをもてるようになってきた。

そうなると随分と人生が変化していくことに気づいた。

そして、他人を生かす、自分を生かす、許すことを実践していくと、善いことを想うことが一日の半分以上になってきた。

そうなると楽しくなってくる。

感謝が行動力を引き出す

すべてに感謝すると成果が上がる。

①両親に感謝すると「こと」がうまく運ぶ。
②自然に感謝すると心が広く大きくなる。
③仕事に感謝するとヤル気が引き出される。
④縁ある人に感謝すると人脈ができていく。
⑤からだに感謝すると細胞が生々と活動する。

※明るい心の最高は、感謝の心である。
※過去の悪事は反省して断絶すること。

成果はやれば出る

まず行るべきことを行る。

①朝目を覚ませば生かされていることに感謝する。
②仕事の達成イメージ強く想う。
③「よいことをした」と想うと次の道が開く。
④「この人が幸せになりますように」と祈る。
⑤就眠時「明日の成功イメージを想念する」
※積極的な行動は必ず成果を得る。
※信念をもって進めば「こと」は成る。

誠意は相手に通じる

基本を忠実に守れば、成果は出る。

①善いことを常に想っている。
②仕事の基本は常に勉強し実践している。
③苦悩の原因を追及し対処している。
④あたりまえのことを当り前にしている。
⑤呼吸はエネルギーの注入をしている。

※笑う門に福来たる。常に善い人が集まる。
※全てうまく行くようになっている。

思善はツキを呼ぶ

常に善いことを想い、肯定語を語る。

①善いことを想えば善いことが来る。
②思善は善い人々が集まってくる。
③善いことを想うためには感謝が要る。
④肯定語を話すと積極的な自分に変わる。
⑤思善は相手を生かす言葉となる。

※善行は思善から生まれる。
※成功者に共通することは自信と信念。

なぜ、躾をすることが必要なのか

躾とは、
善いことを、
し続けることと、
内在している善いものを、
継続的に引き出すこと。
善いことをすると、
心が安らかになるから必要となる。

なぜ、善いことをするのか

悪いことをすると、
心が落ち着かず、
怒りや苛立ちの心をもち、
不安な状態で悪いことを隠そうとする。
善いことをすると、
心が安らかになるから、
善いことをする。

全ては意識から成る

ものごとは思うことからはじまる。

一念岩をも通す。気は山沢をも通す。
ものごとは強く想念することによって成る。

第二章　経営《しごと》を考える

経営理念を考える

組織体（会社・団体・社会など）は
組織体に合った目的を持っている。
目的に合った考えを明確に表現したのが、
経営理念である。
経営理念は
組織体の最高責任者の理想の考え方をまとめ、
明確に表現したものである。
進んでいく方向や考え方が示されている

理想と観念

努力すればできるものを理想と言い、
いくらどりょくしてもできないものを観念という。

意志統一の姿

組織に参加する人々が考えを同じくして行動すると、目的へ近づくための目標を早く達成することができる。

志を同じくする者は、お互いに自分自身を磨き、励まし合って、向上していく環境をつくる。だから、明るく前向きなのだ。

経営理念の作り方

経営理念を揚げておけば、方向を誤らずに済む。経営者の考えを、明確に表現する。人が集まる組織体だから、人生の目的や使命を表現すると同時に、仕事の方向も明確にする。特記すべきは仕事は人格向上のための教材である点だろう。

仕事は人格を向上する教材である。人格向上は心の安らぎであるから、目的に向って向上する仲間たちである。人類の幸福と世界の平和を使命とするなら表現すればいいだろう。また家庭や組織体での争いごとのない方向性を打ち出せば、理想の理念となる。努力に努力を重ね達成へ近づいて行けば、全体的に調和された組織体が出来、継続されていくだろう。

経営理念は変わらない

真理は永遠に変わらない。
人の心はコロコロと変わる。
方向の分散は進む力を弱くする。
だから、
理想の考え方を明確に表現して、
経営理念とする。

経営理念は最高責任者の器

想像は創造の始まりのとおり、
人にはそれぞれ器がある。
最高責任者の器の大小が
組織をつくっていく。
人の器は理解力であり、
その人の使命でもある。

組織体強化策

組織体には必ず、不満分子がいる。
その不満分子は、実力者か否かである。
いずれにしても、不満を引き出すことは、
組織の弱体化につながる。
だから、不満から協力体制へ対話をしながら、
経営理念の理解を深めていく。
方向を明確にして進むことは組織体強化策である。
理念の作成は、
深く大きく価値ある内容が重要だろう。

組織体の人材

組織体は、
考えて智慧を出す人と、
その考えを理解して行動する人によって構成される。
この組織体に必要なのは、
考え方を具体的にイメージして形を創り、
行動できる理解力のある人である。

目標を達成する精神力

1 「達成イメージ」を強く想念する。
2 「必ずできる」と努力する。
3 「達成するまでやり通す」という信念をもつ。

仕事は順序方法をしっかり計画して実践するところに成果を味わうことができる。

※部下は幹部の言うとおりにするのでなく、幹部のするとおりにする。

目標達成を妨げる精神力

１「疑いの心」がヤル気を押さえる。

２「怒り・愚痴・憎しみ・嫉妬」は運を悪くする。

３「感謝と反省が足りない」は行動力を押さえる。

※目標達成の原動力は信念である。

最初　自分の仕事ができたとき

どのような仕事に就いても、当初は何もわからない。

「できるだろうか」と不安を抱きながらの日々。

仕事については、順序方法を教わる・知る・考える・実践行動する、そして、
成果を得るに至る。

成果を得た最初は、喜びの心でいっぱいになり、この仕事を続けていてよかったと充実感を味わう。

全ては、最初の仕事に成功した経験が基となっている。

その成功したときの状況はどうだったのだろうか。

精神状態は？

相手と自分の対話状況は？

特に自分の心の状態について深く考えてみよう。

どのような状況のもとで自分は仕事を成し得たか・・・など

自信は多くの経験によって生まれる

最初の成果は自分の心の中にヤル気と自信を生み出した。「さあ　やるぞ」と心に強く誓いながらの日々を過ごす。日々、新たな体験をする。「世の中、いろんな人がいるなあ」と思いながら基本を忠実に実践する。

〝場数を踏む〟という言葉があるが、単に数だけでなく、その時そのときの相手と自分の言葉の通じ合い、心の通じ合い、受け入れている自分の心の大きさ、当初やり初めの頃は素直に相手の話を聞き、初々しさが好感を与えていただろう。

慣れてくるに伴い心に焦りの状態をつくる。「ダメなの？」早く自分で結論を出してしまう。粘りはお役に立とうとする行為を、常に心に持つことによって生まれる・・・など。

多くの経験によって自分の心の状態が、相手の心に影響することを覚え、自分の財産として自信をつけていく。

役割の自覚が緊張感をつくる

多くの経験によって、自信は自分の財産となっていく。がしかしマンネリと過信は自分をダメにする。

過信になると自分を自分以上に見せたがる。虚栄の部分が表に出てくる。そうすると、偉くないのに偉そうに振る舞う。実力がないのに権威を振るう。「私はこれだけの成果を出している！」

マンネリ化は、口先だけで「頑張る」とか「やります」とか言っているが自分の役割に対する自覚がない。自分の言葉遣いや態度、他人と接するときの様相が、自分の廻りの人・会社・商品・信用などに与えている影響を感じていない。だからマンネリ化するのである。

いつも新鮮な気持ちは、自分の役割を自覚することからはじまり、緊張感をつくる。

仕事は成果が上がってあたり前

マンネリ化や過信は自分の心の問題である。そのことに気づかずに仕事を進めていると気づかされる問題が起こる。クレームが発生したり、日程を変更されたり、相手に気づかされることが起きる。それにも気づかない人がいる。だから仕事をする人は、慣れと過信を打破しなければならない。仕事に対して厳しくありたいものだ。

そうすると緊張感が生まれ、仕事に対する新鮮な心が現れる。この心の状態を持続することと成果とはイコールする。

仕事は成果が上がってあたり前なのに、相手を改めて他人の所為にしたりして言い訳を正当化している人も多い。

一度、言い訳を自分の心に許すと、ヤル気は押さえられ「また　次　頑張ったらいいやん」と慰めの心が強くなり悪循環にはまる。

仕事をすれば成果が出てあたり前。「なぜ」「どうして」と成果の上がるように自分を修正しないと、成果は得られない。

成果を味わうことが次の成果を生む

地道にコツコツと成果を出している人は、ムラのある人とどこが違うか。それは成果を味わうかどうかである。成果を味わうとは成果に対して「どうして成果が上がったのか」と掘り下げることである。掘り下げるとは、自分の心に確認をして納得することである。

そのことは次の場面、場面で必ず引き出されてくる。「あの時の成功例だ」この場面はどうしようと、自分の心のあり方、持ち方をコントロールするようになる。

どうしてこの成果が出たのか。なぜこのようになったのかを自分で確認し納得する心の作業こそが、反省なのである。「このようにすればこのようになる」これが反省の心である。

動けば、話せば、人と会えば、必ず成果を生み出すように自分自身を運ぶその心を、もっともっと表に出して育てよう。

心を磨くことが自信を生む

心がちょっとしたことで、よく動くから自信を失うことになる。ちょっとしたことで心を動かさないように心を磨くことが大切。

心を磨くとは、正しいことを知ることであり、勇気を持って正しいことを行うことである。

本当に強い人は、心を間違った方向には動かさない。だから、自信も崩れない。

心を動かさない方法の一つに「なにがなんでもやる」という意志力と努力が自信の源となり成果を上げる。

確実に成果を上げる基本

常に新鮮な気持ちで基本を忠実に実践すること。
そして「なぜ」「どうして」と成果を味わうこと。
成果を味わいその結果を強く心に刻むこと。

組織運営に於いて強行実践するものは何か

①人事政策
②意志統一
③社員教育

いまこの時の重要課題

①従業員の幸せ、得意先の繁栄を考えない組織体は倒産していく。
②怠け者は職を失い、収入を得られない。
③日に三度、自分を省み戒めること。
④悪友を遠ざけ善友を選ぶ。
⑤全てに感謝する。

自尊心

本当の自分は悪いことはしない
正しい自分だと知っている心

嫉妬心

①相手を引きずり下ろして、自分が相手よりも、優位に立とうとする心。
②嫉妬心があると、全てのことを否定したり、圧迫したり、軽くあしらったりする
③相手を悪く言うことによって、自分が偉いのだと見せようとする。

自然の法則を生かす経営法

会社経営に於いて人材育成は重要な課題であるが、何を教えればよいのか。

①人生経営について知っておくこと
・何のために生きているのか
・人間はどこからきて　何処へ行くのか
・目的を果たす生き方は八正道の実践
・自然の法則を学び実践する
・なぜ　人生はすばらしいのか・・・など

②会社での社員教育の内容
・社長の経営に対する考え方・理念を詳しく説明する
・明確な目標（夢・ロマン）の設定　同胞集団とする

・目標を達成するための計画を立てる
・目標達成のための方針・道筋を示す
・目標達成の戦略を話す。みんなの智慧が出るように話す
・具体的行動計画をつくる
・各従業員の役割業務を明示
・従業員の能力を把握し個人別にレベルUPを図る
・仕事のプロを育てる
・感謝の心が引き出せるようにする

付・Q&A

Q１　なぜ、心の勉強が必要なのか

A１　人格を向上するために心の学習をする。

生命のエネルギーは、永遠に生き続けるという法則を理解すれば、すべての体験が人格向上のために学んでいることに気づくだろう。

Q２　どうすれば、心の勉強ができるか

A２　心を育てる基本は、すべてに感謝をできるようにすること。心の学習をすれば人格は向上し、運命も変わっていくのが成果である。

学習法は「学んだことは実践する」ことを前提とする。

◇先ず、下らない漫画や三面記事、やらせ番組などは見ずに心を清くする反省の時間にする。

◇図書はあらゆる分野の本を読むこと。刷数の多い本・聖賢の書。

◇自分の心を観ること。物に心が向いている間は、心の勉強になっていない。

Q３　どうすれば、早く向上することができるか

A３　「心が明るくなる反省」「このようにするとこうなることを確認して、善き方向へ導く反省」「真理を知る反省」「反省をするたびに喜びを得る」そのような反省をすること。そして、鏡の中の自分と対話をして、自分を勇気づけるようにすると早く向上できる。

重要な点は、心が安らぐことである。独善でなく心の底から安らぐこと。

Q4　なぜ、人は善いことをしなければならないのか

A4　心のエネルギーはプラスかマイナスしかない。人は善いことをすると心が安らぐ。悪いことをするとイライラして落ち着かない。人生の目的に合っているのは、心の安らぎを深めることだから、善いことをしなければいけない。躾が善いことをし続けるように訓練していくのは心が安らぐからである。

Q5　いま、組織運営で大切なことは何か

A5　組織運営で大切なことは、原点に戻り、①理念・事業観を話す　②礼儀作法・躾教育をする　③すべてに感謝することが大切である。つまり組織人は心を行動・態度で表現する。善いことを想って実践・行動することが大切。

老子のことば
「人を知るは智、自ら知るは明
自らを知れば、人を知ることは易い」

ターレス（古代ギリシャの七賢人の一人）
ある人がターレスに「何が一番困難か」と尋ねたら、「自分自身を知ること」と答えた。
また、一番容易なことは何か、「他人に忠告することだ」と言った。

シラーは言った。
「お前自身を知ろうとするなら
他人の心の動きを見るとよい。
他人を知ろうとするなら
お前自身の心の動きをみるがよい」

あとがきにかえて

もっと自分をよくするために

反省をして、間違いは詫び、二度と繰り返さない。
その原因はどこにあったかを知り、その源を取り除く。

1 常にテーマを決めて勉強している
2 人間は本来　清らかな心を持っていることを自覚する
3 心をきれいにするには心で浄化しないとできない
4 心の苦悩は本来の自分の心への警告だからその苦悩をとればよい
5 自分がつくった罪は自分で償わなければならないようになっている
6 智慧の宝庫の扉を開くには正しいことを実践すればいい
7 正しいことは心が安らかになり、やってみて幸せになることであり、いつの時代でもどこでも通用することである
8 自分を自分でよくしないと誰もしてくれない
9 自分を救うものは自分しかない

10　いろいろとしてもらう時の嬉しさより　相手に役立ったときの方が喜びは大きい
11　目標達成の原動力は信念である
12　強い者が弱い者を支配する
13　努力をせずに結果だけを得ようとすると失敗する
14　まちがっていれば　どうすることが正しかったかを考え修正すればよい
15　苦しみが起こってくるのはそれが正しくないという信号である
16　今日よりは明日へとよりよき運命を約束されている
17　よくなる運命が悪くなるのは自分に原因がある
18　心の奥底からの「こうせよ」という声に従うこと
19　人間は自ら意思し行動するようにつくられている
20　疲れている心は　心を鎮めて感謝すれば安らかになる
21　自分を自分でダメにするような心は持たない
22　いま思っていることが自分をつくっていく
23　自分を見つめると他人のために動きたくなってくる

思うこと、考えることは、心の働きである。
いろいろとものを思ったり考えたりするが、
正邪善悪いろんなことを考えても、そのことが
心に記録されていることに気づいている人は少ないのではないだろうか。
そして、その記録されていることが自分の人生を歩んでいく上で、
重要な役割を果していることに気づいている人も少ないと思う。
思うことが先で行動に繋がるので、思うことを正しくすることが
大切である。
思いを大切に実践をして、多くの人々のお役に立ちたいものだ。

平成二九年

熊澤次郎

参考文献

人間釈迦　高橋信次著　三宝出版

心の原点　高橋信次著　三宝出版

心行の解説　園頭広周著　正法出版社

熊澤蕃山　玉川大学出版部

伝習録　近藤康信著　明治書院

大学・中庸　赤塚　忠著　明治書院

経営の赤信号　田辺昇一著　東洋経済新報社

老子・荘子　新釈漢文大系　明治書院

高橋信次師のことば　園頭広周著　正法出版社

正法と経営　園頭広周著　正法出版社

先思後動《せんしごどう》

——あなたのお役に立ちます

発行日

2017年4月20日

著　者

熊澤　次郎

発行者

久保岡宣子

発行所

JDC出版

〒552-0001　大阪市港区波除 6-5-18

TEL.06-6581-2811　FAX.06-6581-2670

E-mail : book@sekitansouko.com

郵便振替　00940-8-28280

印刷製本

前田印刷（株）